ÉLÉVATIONS

DU

CARDINAL DE BÉRULLE

SUR

SAINTE MADELEINE

PUBLIÉES PAR

L'ABBÉ X. DEIDIER.

MARSEILLE
TYPOGRAPHIE DE JOSEPH CLAPPIER
Rue Saint-Ferréol, 27.

—

1866

AVANT-PROPOS.

Au premier rang des panégyristes de l'illustre pénitente de Béthanie on doit mettre, sans contredit, le pieux et savant cardinal Pierre de Bérulle. Ce fut en Angleterre, où il avait accompagné Henriette de France, qu'il composa les *Elévations* que de nouveau nous publions aujourd'hui. Elles plurent tant à cette grande reine que, non contente de les lire et de les méditer, elle les copia de ses propres mains avec une sorte de vénération. Enfouies et comme perdues dans les œuvres du fondateur de l'Oratoire elles ont paru à nos yeux mériter d'être remises en lumière : le public verra si nous nous sommes trompés. Ne nous proposant pas de faire un ouvrage littéraire, mais voulant seulement donner un aliment à la piété des fidèles, en leur rendant lisible l'œuvre oubliée d'un écrivain de la fin du seizième siècle, nous avons pris la liberté de changer quelques tournures trop vieilles, de supprimer des digressions trop longues et des répétitions évidemment inutiles.

Puissent nos faibles efforts contribuer à augmenter la dévotion envers Sainte Marie-Madeleine et attirer sur nous, malgré notre indignité les bénédictions et les faveurs de la fidèle amante de Jésus !

L'Abbé XAVIER DEIDIER.

ÉLÉVATIONS

DU CARDINAL DE BÉRULLE

SUR

SAINTE MADELEINE

CHAPITRE PREMIER.

Choix que Jésus fait de Sainte Madeleine

Pendant les jours que vous avez passés sur la terre, ô Jésus, mon Sauveur, vous avez opéré plusieurs miracles, conféré plusieurs grâces et fait choix de plusieurs âmes pour les tirer à vous. Mais le choix le plus rare de votre amour, le plus digne objet de vos faveurs, le chef-d'œuvre de vos grâces de miséricorde a eu lieu dans sainte Madeleine au sujet de laquelle a été opéré le plus grand de de vos miracles.

C'est en sa faveur, c'est en considération de ses larmes que vous avez ressuscité Lazare, comme si vous vouliez que son frère reçut dans son corps le plus grand de vos effets miraculeux, de même qu'elle etait le plus grand de vos miracles sur les âmes et le plus beau fruit de vos faveurs. Saint Lazare a vu en effet s'opérer dans son corps le plus grand de vos miracles extérieurs et sensibles, et sainte Madeleine a senti dans son âme un de vos plus grands miracles intérieurs et invisibles par l'opération secrète de votre Esprit sur son cœur. L'une de ces merveilltes ravit les hommes et l,autre ravit les anges.

En passant sur la terre vous avez, ô Seigneur, jeté vos yeux sur plusieurs âmes, mais vos plus doux regards, vos plus forts rayons, ô soleil de justice, sont descendus sur cette âme. Vous la tirez de la mort à la vie, de la vanité à la vérité ; de la créature au créateur, et d'elle à vous-même. Vous répandez votre esprit sur son esprit et, dans un instant, vous faites sortir de son cœur un torrent de larmes qui découle à vos pieds et les arrose, après avoir purifié cette âme pécheresse. Vous lui donnez en un moment une grâce si abondante, qu'elle commence où les autres finissent à peine, et que dès le premier pas de sa conversion elle arrive au sommet de la sainteté. Vous l'établissez dans un amour si grand qu'elle reçoit des louanges de votre bouche sacrée et que, défendue par vous contre ses ennemis, elle voit clore sa justification par cette douce parole : *Elle a beaucoup aimé*.

O parole remarqable dans la bouche du verbe éternel! Quoi Seigneur! l'amour est le partage de cette âme dès le premier moment de sa conversion ? Et votre amour, c'est-à-dire, l'amour de Jésus, est-il le partage de cette pécheresse ? Où cette humble pénitente a-t-elle puisé cet amour ? Ah ! c'est qu'elle est à vos pieds et ces pieds sont plus dignes que les hauteurs des cieux Madeleine est une pécheresse mais elle est à vos pieds et, dans un lieu si saint et si adorable, elle ne peut trouver que la sainteté. Aussi ne parlez vous point de ses péchés; vous ne parlez que de son amour. Car l'amour à déjà couvert ses offenses ; vous ne parlez qne de ses larmes, de ses parfums, de son soin à baiser, à laver et à essuyer vos pieds. Si les pensées basses du Pharisien vous obligent à parler de la vie passée de Madeleine vous n'en dites qu'un seul mot et encore ce n'est que pour honorer l'amour de cette pénitente et lui attribuer la rémission de ses fautes : *Beaucoup de péchés lui sont remis car elle a beaucoup aimé.* L'avis donné ailleurs de ne plus pécher ne lui est point ici donné Il était presque inutile à son amour, tant cet amour est fort et puissant ! Cette âme est tellement couverte de ses larmes, ce cœur tellement fondu dans sa dilection, que rien n'y paraît qu'amour, si ce n'est qu'au dédaigneux Pharisien qui n'a point d'yeux pour voir cet amour et contempler cette âme. Ainsi l'amour et l'amour de Jésus est le partage de Madeleine ; dès lors elle est établie dans cet amour ; car Seigneur, vous ne dites pas seulement qu'elle aime, mais qu'elle a aimé et beaucoup aimé : *Dilexit multum.* O merveille ! ô grandeur, ô rareté de l'amour qui brûle le cœur de cette penitente méprisée. Le Pharisien la dédaigne et il semble que vous ne la regardiez pas, ô Seigneur! Et toutefois son amour est grand et cela dès le premier instant de la naissance de cette âme en votre grâce. Elle ne fait que d'arriver à vos pieds, et à ces pieds divins elle progresse tellement que son amour mérite d'être estimé grand par celui qui est l'amour véritable et la grandeur même.

C'est la première heure de la vie de grâce de Madeleine. Et toutefois, ô Jésus mon Seigneur, vous qui pesez toutes choses et avez en vos mains le poids du sanctuaire, pesant cette âme et cet amour, vous ne dites pas qu'elle aime mais qu'elle a aimé et qu'elle a beaucoup aimé, comme si déjà elle y avait employé plusieurs jours, plusieurs mois et plusieurs années. C'est qu'un moment de cette âme vaut un siècle, tant elle a de vie, de vigueur dans la grâce et de ferveur dans l'amour.

Plut à Dieu que le cours de ma vie fut équivalent à un de ces moments et qu'après les années d'une longue et laborieuse existence je puisse avoir quelque part à ce degré d'amour par lequel elle a commencé et en faveur duquel vous daignez prononcer ce mot : Elle a beaucoup aimé O âme ! ô amour ! ô pécheresse ! ô pénitente !. O Jésus source de pénitence, de grâce et d'amour !

———

CHAPITRE II

Madeleine attirée intérieurement par Jésus le cherche, le trouve chez le Pharisien et lui rend ses devoirs

De même, ô Seigneur, que du haut des cieux où vous êtes maintenant vous opérez ici-bas dans nos âmes quand il vous plait ; ainsi du lieu où vous étiez quand vous conversiez avec le Pharisien et vos disciples, vous opérez dans Madeleine retirée au fond de son château. Vous la considérez, vous la navrez, vous l'attirez, vous la ravissez au monde et à elle-meme Dans cet excès d'un saint amour je la contemple et je la suis pas à pas, observant ses actions, admirant ses mouvements, Elle sort de son palais et plus encore d'elle-même, elle vous cherche dans votre maison et ne vous y trouve pas; mais, sans le savoir, elle vous porte et vous possède dans son cœur. Vous n'étes pas chez vous, et vous êtes chez elle c'est-à-dire dans son cœur et dans son esprit.

Ce n'est pas merveille si elle ne vous connait pas, puisque après les années de votre sainte présence et conversation sur la terre, vous voyant et vous parlant au sépulcre elle ne vous connaît pas non plus. Son amour au commencement et à la fin a plus de faveur que de discernement.

Cette même ferveur ne lui permet pas de vous attendre un seul instant. Elle ne peut rester sans vous chercher, sans vous trouver et sans vous offrir ses devoirs et vous consacrer son cœur. Elle vous cherche donc et elle apprend que vous n'êtes pas chez vous, mais chez le Pharisien, mais dans un banquet, mais au milieu de personnes incapables de comprendre sa douleur, son secret et son amour. Il suffit de savoir où vous êtes pour vous aller trouver; vous lui êtes tout et tout ne lui est rien. Elle veut donc y aller, puisque vous y êtes. Que faites-vous, ô pécheresse, ô fille d'Adam? Adam fuit Dieu et vous le cherchez ; Adam cherche l'obscurité, et vous cherchez la lumière ; Adam voyant sa faute, se cache sous un figuier et vous, voyant votre péché, vous voulez vous exposer au soleil de justice. Que dirai-je, ô

Seigneur? C'est votre amour qui la conduit, et si je l'ose dire, qui la transporte saintement hors d'elle-même, hors du péché et de la condition ordinaire des pécheurs. Elle s'en va donc, et elle entre chez le Pharisien : mais elle ne pense qu'à vous, elle ne voit que vous dans cette salle, à ce banquet, et elle fond à vos pieds. Son cœur parle et non sa langue ; ses œuvres et non ses paroles vous découvrent son âme, et vous êtes en elle, ô mon Seigneur Jésus, plus que dans cette salle et plus qu'à ce banquet.

Tandis que vous prenez votre nourriture et votre repos et que vous semblez oisif, vous opérez secrètement de grandes choses dans cette âme. Vous attirez et consommez ce cœur, cet esprit dans votre amour, consacrant cette nouvelle hostie à vous-même et à vos pieds. Je me réjouis de voir ce chef-d'œuvre de grâce et d'amour; de voir cette âme autrefois pécheresse et maintenant pénitente; de la voir toute sainte, toute céleste aux pieds du saint des saints. Elle reçoit une pureté si grande que dès ce moment jamais plus l'esprit immonde n'a osé l'approcher. L'esprit malin, plusieurs esprits malins ont autrefois habité en elle; mais ils n'osent plus même la regarder. A l'ombre de ces pieds divins elle reçoit la grâce, la pureté et l'amour. Son cœur a autrefois été souillé d'un amour profane ; mais il est maintenant pénétré d'un amour céleste ; il est un trône de pureté. Madeleine est la première à rendre hommage aux pieds sacrés du Sauveur depuis qu'ils marchent sur la terre pour le salut du monde et la gloire de Dieu le Père. Elle arrose ces pieds divins qui se sont fatigués pour les pécheurs et qui seront un jour percés pour repandre leur sang sur le genre humain. A l'ombre de ces pieds bénis découle maintenant une source de grâce et de pureté, dans cette âme privilégiée, l'une des plus éminentes dans l'amour de Jésus. Et aussi de ce cœur abaissé, ou plutôt élevé à ces pieds divins sort une source d'eau vive qui lave la pureté même en lavant les pieds de Jésus. Le Sauveur se plait dans ce bain délicieux pour lui ; il en fait un sujet de gloire à Madeleine et de reproche au Pharisien.

Mais laissons ce pauvre et ignorant Pharisien. Il ne connait pas les merveilles qui se passent chez lui et en sa présence ; il n'y a point de part, il n'y figure que comme les ombres au tableau, pour y faire paraître les choses plus éminentes Il ne connaît ni Jésus ni Madeleine ; il ne sait pas que Jésus est prophète, plus que prophète et le Dieu des prophètes. Il ne sait pas que Madeleine n'est plus pécheresse ; mais qu'elle est entrée dans la grâce, l'amour et la pureté de Jésus. Il ignore ce que Jésus est à Madeleine et ce que Madeleine est à Jésus ; il ne sait pas que Jésus lave et purifie Madeleine comme Madeleine lave Jésus ; que Jésus répand ses odeurs sur Madeleine ; comme Madeleine sur Jésus ; que Jésus honore et aime Madeleine comme celle-ci honore et aime Jésus. L'esprit même du Sauveur est dans le cœur de Madeleine et lui fait employer envers Jésus ses yeux, ses mains, sa bouche, ses larmes, ses cheveux, ses parfums, son amour, tout ce qu'elle a, pour honorer celui qui est son Dieu et son salut.

O festin délicieux ! O spectacle ravissant ! Je vois, Seigneur, dans ce banquet deux banquets différents ; l'un intérieur, l'autre extérieur ; l'un du pharisien qui repait votre corps, l'autre de Madeleine qui repait votre esprit ; l'un qui vous donne du pain, à vous qui êtes le pain vivant et vivifiant descendu du ciel, l'autre qui vous donne son cœur rempli de votre amour, mets le plus délicieux qui vous ait été offert, et le fruit le plus doux et le plus excellent de vos labeurs.

CHAPITRE III

De la prééminence de l'amour de Madeleine.

Vous ne pensez, ce semble ô Seigneur, et vous ne parlez qu'au Pharisien, oubliant celle qui est à vos pieds, qui pense à vous et qui ne pense qu'à vous. Vous regardez le Pharisien et ne la regardez pas, vous parlez au Pharisien et vous ne lui parlez pas. Vous laissez son cœur fondre à vos pieds comme la neige au soleil. Oubliée de vous en apparence, méprisée en réalité du Pharisien elle répand ses larmes, ses parfums et se sacrifie à vos pieds en holocauste d'amour. Mais la fin du banquet et du discours témoigne assez l'estime que vous faites de cette sainte pénitente et montre que ses larmes et son amour sont en votre mémoire et dans votre éternel souvenir.

Vous faites valoir au Pharisien et en lui à tout l'univers, à tous les siècles, les saintes actions de cette heureuse convertie. Vous les considérez si amoureusement, vous les rappelez si suavement, vous les représentez si vivement que le Pharisien reçoit sa condamnation par sa propre bouche et Madeleine sa justification par la vôtre. Dès lors vous la liez à vous pour jamais, vous la rendez de votre suite ; vous l'admettez parmi vos disciples, vous l'adoptez dans votre famille, vous l'associez à votre sainte Mère, et elle vous accompagne et accompagnera jusqu'à la croix, jusqu'à la mort, jusqu'à la vie et jusqu'à la vie de la gloire.

Au nombre de vos disciples, il s'en trouve plusieurs à qui vous avez fait de grandes grâces ; mais saint Jean est le seul qui porte le nom de votre bien-aimé. Toutefois on ne lit pas que vous lui ayez accordé d'autre faveur que de reposer une fois et, dans un lieu retiré, sur votre poitrine sacrée. Si nous avons bien recueillis et remarqué les traits de votre grâce marqués dans l'Evangile, nous trouverons que les privilèges d'amour conférés à Marie-Madeleine sont plus grands, plus fréquents, plus évidents et ont plus de publicité.

Si je ne me trompe dans le discernement de votre esprit et de vos grâces, il me semble que le disciple bien-aimé a tiré de vous plus de lumière et Madeleine plus d'amour. Lui-même nous apprend que Marie fut plus attachée à vous et à votre sépulcre et que c'est d'elle, favorisée la première de votre apparition, que les apôtres ont appris la nouvelle de votre résurrection glorieuse. Vous vouliez ainsi favoriser cette âme sainte pendant votre vie, sur la croix, à la mort, après la mort et dans l'état même de votre gloire. Au dernier souper, faisant la Pâques avec vos apôtres, par un abaissement adorable vous avez voulu leur laver les pieds ; mais vous ne leur avez pas permis de laver les vôtres et vous le permettez à Madeleine. Vous le lui permettez chez le Pharisien où elle lave vos pieds de ses larmes ; vous le lui permettez à Béthanie, chez Simon le lépreux, six jours avant votre mort, où elle lave vos pieds non plus de ses larmes, car l'amour les a toutes épuisées, mais de ses eaux de senteur et de ses liqueurs précieuses. C'est donc à elle et à elle seule, ô Jésus mon Seigneur que vous avez permis de rendre tant de témoignages d'amour et d'un amour si tendre, si fort, si particulier. C'est elle seule qui est si souvent à vos pieds, les baigne de ses larmes, les arrose de ses parfums, les essuye de ses cheveux et brise son vase d'albâtre pour verser sur vous jusqu'à la dernière goutte de cette rare liqueur, et remplir votre demeure d'une odeur des plus suaves. Mais ô Seigneur, son cœur était beaucoup plus brisé de votre amour ; elle en fait à vos pieds une effusion plus grande que l'effusion de son baume précieux et l'odeur de son amour est plus grande, plus durable en votre église que l'odeur de ses parfums.

Mais suivons pas à pas les progrès de cette âme dans l'amour, et prenons plaisir à remarquer cette dilection réciproque de vous envers elle et d'elle envers vous. Nous verrons que si l'amour de Madeleine a été tendre chez le Pharisien où elle fondit en larmes à vos pieds, il sera fort au Calvaire au pieds de la Croix. Vous allez vers cette croix, ô Jésus mon Seigneur, et vos apôtres tremblent à cette simple parole ; mais Madeleine ne tremblera pas à l'effet même. Elle se tiendra au pied de la croix, sans craindre ni les juifs, ni les soldats, ni les tourments et sans penser à autre chose qu'à vous qui êtes sa vie, son amour et son tout.

CHAPITRE IV

Madeleine répand de nouveau des parfums sur Jésus peu de jours avant sa mort.

Le temps de votre mort approchait, ô mon Dieu ! vous quittez la Galilée pour la derniére fois, vous allez à Jérusalem et vous passez la dernière semaine de votre vie au bourg de Béthanie avec Marthe et Madeleine. Là se recueille et se renouvelle l'amour de cette illustre pénitente ; là de nouveau elle se prosterne à vos pieds, vous couvre de ses parfums et, tandis que Judas pense à vous haïr, elle pense à vous aimer. Là, vous l'avez dit, elle prévient votre sépulture, là elle vous ensevelit tout vivant.

Cette action est mémorable et le Seigneur veut qu'elle soit publiée partout. C'est la dernière action de cette âme envers son Seigneur vivant et approchant du terme de son mortel séjour. C'est aux portes de Jérusalem qu'elle l'accomplit au milieu d'un grand concours qui la rend plus solennelle. C'est par un mouvement extraordinaire du Saint-Esprit qu'elle répand cette rare liqueur sur son Sauveur, deux jours avant qu'il répande lui-même son sang sur elle et sur le monde. Toutefois cette action sublime est blâmée par les apôtres mais le Seigneur la loue, la défend en disant : « Madeleine a prévenu le temps et l'onction de ma sépulture. Quoi ! Seigneur vous êtes vivant et donnant la vie aux mort, Lazare ressuscité est en votre compagnie et vous parlez de mort ! Pas un ne pense à votre mort ; Madeleine n'y croit pas ; car vous êtes sa vie ; comment donc prévient-elle votre mort et votre sépulture ? Le secret de la croix ne lui est pas révélé et elle ne sait pas ce qui doit arriver dans peu de jours ; elle ne sait pas que ces pieds qu'elle arrose de ses liqueurs, seront bientôt percés et cloués sur une croix ; que ce chef qu'elle couvre de ses parfums, sera couvert de crachats et couronné d'épines ; cela est caché à son cœur. Mais vous le savez Seigneur et vous le savez pour elle ; car votre esprit et le sien ne font qu'un.

En effet, ô Seigneur, vous êtes en ce

banquet comme mort dans votre propre pensée et vous êtes déjà mort dans le cœur et le dessein de Judas. O banquet digne de larmes et de vos larmes, ô Madeleine ! Vous les avez répandues sur vous au premier banquet chez le Pharisien ; en celui-ci vous les répandriez sur Jésus si vous saviez son état, ses pensées et son heure si proche.

O spectacle étrange ! de voir en ce banquet Judas et Madeleine ! Judas pense à vous trahir, ô Jésus mon Seigneur ! et Madeleine ne pense qu'à vous aimer ; il pense à vous livrer aux Juifs et elle pense à se livrer à vous et à vous livrer à son amour ; il tend par son péché à un des plus bas lieux des enfers, et il y sera dans peu d'heures ; elle tend par son amour à un des plus hauts siéges du paradis et elle y sera établie pour jamais. Et toutefois il semble, ô Jésus, que vous liez ici en quelque manière ces deux mouvements si contraires et ces esprits si différents : car l'un pense à votre mort, et l'autre sans y penser, tend à votre sépulture et en prévient, comme vous le dites, le temps et l'action. O liaison étrange de Judas et de Madeleine et sur votre sujet, ô Jésus ! La conduite de votre esprit veut réparer en Madeleine ce qu'il perd en Judas. A la place de Judas dans la famille de Jésus, le Sauveur semble substituer Madeleine dont elle fait un nouvel apôtre de grâce, de vie et d'amour, Elle sera l'apôtre des apôtres eux-mêmes pour leur annoncer la vie glorieuse de Jésus.

Votre esprit, ô Jésus, me découvre un autre mystère. Il y a un combat entre vous et Madeleine. Lorsque voue serez dans le sépulcre, Madeleine voudra vous oindre, mais vous la préviendrez en ressuscitant avant son arrivée. Or son amour délicat ne veut pas être déçu ; elle vous prévient donc maintenant par la puissance de son amour, comme vous la prévenez alors par la puissance de votre vie et de votre gloire. Elle veut vous oindre et vous ensevelir, et puisque vous ne voulez pas être oint par elle lorsque vous serez mort ; elle veut vous oindre et vous ensevelir dès à présent. Elle veut vous ensevelir dans ses parfums et encore plus dans son cœur et dans son esprit qui vous est un sépulcre vivant et plein de délices.

Je vous aime et je vous adore donc, ô Jésus, comme enseveli dans le cœur, dans l'amour et dans les parfums de Madeleine ; car je vois qu'elle les répand depuis votre chef jusqu'à vos pieds pour vous en couvrir tout : ce qui n'arriva pas dans la première onction arrive dans celle-ci qui prévient et accomplit votre sépulture. Il le fallait ainsi et c'est une rare conduite du Saint-Esprit, car vous qui ne vivez, ô mon Jésus, qui ne souffrez et ne mourrez que par amour, vous deviez avoir un sépulcre et ce sépulcre de votre choix c'est le cœur de Madeleine.

CHAPITRE V

Madeleine au pied de la Croix.

Quittons le banquet et allons à la croix ; nous y trouverons Madeleine attachée. Du pied de cette croix elle élève ses yeux et son âme à Jésus : les ténèbres répandues sur la terre ne lui en peuvent ôter la vue. A la vérité le soleil est honteux de montrer sa clarté en voyant le père de la lumière obscurci par tant de disgrâces. La terre est couverte de ténèbres, image de son infidélité ; mais ces ténèbres ne peuvent couvrir Jésus à Madeleine. Ce soleil qui s'est éclipsé n'est pas le soleil de cette âme, elle a une autre lumière que la sienne et Jésus véritable soleil de Madeleine ne s'éclipse point dans le cœur de cette fidèle amante. Jésus attaché à la croix n'est point captif pour Madeleine, son pouvoir n'est point lié pour elle ; moins il opère alors dans la Judée, plus il opère dans l'esprit de Madeleine. Il y opère de grandes choses que la terre ne peut connaitre au milieu de ses ténèbres mais que le ciel nous révèlera dans sa lumière.

Qu'il nous suffise de dire et de penser que plus l'objet est digne, plus il y a d'amour, plus il y a de douleur soit dans la souffrance soit dans la séparation de ce qui est aimé. C'est ce qui arrive pour Madeleine. Il n'y aura jamais un plus digne objet d'amour que Jésus et Jésus souffrant cruellement par amour. Ce qui augmente encore l'amour et la douleur, c'est que cette souffrance se termine à nous ravir Jésus. Parmi tous les disciples de Jésus il n'y avait pas une âme plus fidèle et plus constante en amour que Madeleine. Parmi tous les pécheurs de la terre il n'y avait pas un cœur plus noble et plus disposé à recevoir les impressions de l'amour céleste. Le temps le plus propre à cette impression sainte est celui de la croix et de la mort de Jésus.

Au pied donc de cette croix, Madeleine reçoit une forte et nouvelle impression d'amour mais cet amour est douloureux : car l'amour de Jésus porte ses qualités. Si Jésus est au ciel son amour est céleste et l'Écriture dit que nous conversons aux cieux : si Jésus est sur la croix son amour est crucifié et un grand saint navré de cet amour s'écriait : « Oui, mon amour est crucifié. *Amor meus crucifixus est!* Or Jésus est en ce moment couvert de plaies ; il est l'homme de douleur; donc l'impression de son amour dans le cœur de Madeleine est une impression douloureuse.

Mais cet amour n'est pas nouveau pour cette fidèle amante. Sa dilection a commencé par les larmes et la douleur chez le Pharisien, à la vue de ses péchés, ici c'est à la vue de Jésus en croix, de ce Jésus qui bientôt lui sera ravi par la mort. Cette douleur est si grande que, comme cette âme sainte est sans pareille en amour, elle est aussi sans pareille en douleur. Après la très-sainte Vierge, qui étant la mère de Jésus n'entre point en comparaison avec ses servantes, cette âme de Madeleine au pied de la croix a recueilli de cette croix même, plus d'amour qu'aucune autre âme n'en a recueilli et n'en recueillera jamais. Elle a recueilli aussi plus de souffrance. L'amour est crucifié il faut qu'il crucifie aussi. L'amour est couvert et couronné d'épines il faut en sentir les pointes. Jésus qui parle à plusieurs et de plusieurs sur sa croix ne parle point de Madeleine. Il la voit à ses pieds et lui qui s'est souvenu de cette pécheresse l'orsqu'elle ne pensait point à son Sauveur ; semble ne point se souvenir ici de Madeleine qui ne vit que pour son amour, Elle est fidèle à Jésus et tandis que ses apôtres le quittent elle le cherche, elle le trouve, elle le suit, elle est à ses côtés et au pied de la croix.

Le texte sacré joint Madeleine à la très-sainte Vierge en ce jour mémorable ; Jésus voit Madeleine à ses pieds et Madeleine contemple Jésus sur la croix. Ces regards sont réciproques, ces deux cœurs sont deux miroirs qui se rapportent et se représentent l'un à l'autre : Qui verrait le cœur de Jésus y verrait Madeleine empreinte ; qui verrait le cœur de Madeleine y verrait Jésus et Jésus souffrant vivement imprimé.

Mais Jésus meurt sur cette croix et Madeleine ne meurt pas ; le Sauveur mourant lui donne la vie et s'imprime sur son cœur comme sur une cire amollie par ses rayons. Dans les suprêmes efforts de cette vie mourante il grave en elle sa vie, sa croix, sa mort et son amour. Livrant alors son cœur à Jésus, à sa croix, à son amour, Madeleine adore l'ordre rigoureux du Père Éternel, qui consomme la vie de son fils unique dans les rigueurs de la Croix.

Après donc que tout est consommé, selon votre parole, ô Jésus, vous expirez, vous le maître de la vie! On vous détache de la croix où l'amour et l'obéissance vous avaient cloué, et Madeleine après avoir reçu votre esprit dans son esprit, reçoit votre corps entre ses bras et l'accompagne jusqu'au sépulcre de Joseph où il doit être déposé. Là elle vous quitte la dernière pour satisfaire à la loi du sabbat et pour aller chercher de nouveaux parfums. Mais si elle est la dernière qui vous quitte elle sera aussi la première qui vous cherchera et la première qui vous trouvera.

CHAPITRE VI.

Madeleine cherche Jésus au sépulcre, elle trouve le Sauveur ressuscité et se met à ses pieds.

Durant le cours de votre vie publique, Madeleine est la première qui vous a cherché par amour ô Jésus ! Vous avez cherché les uns, et les autres vous cherchaient pour leurs besoins particuliers et pour vos miracles. Mais Madeleine ne cherche que vous et le miracle de votre amour. Les disciples et les apôtres vous ont fidèlement suivi ; mais ils ont été appelés par vous sans qu'ils pensassent à vous. Celle-ci sans être appelée, sans entendre comme les autres une parole qui l'attire, vous cherche, vous suit et court après vous. Et maintenant vous voulez qu'elle soit la première à entendre votre voix et à annoncer à vos apôtres votre glorieuse résurrection.

Mais avant de lui faire cette nouvelle grâce, vous voulez, en l'éprouvant, allumer de nouvelles flammes dans son cœur.

Vous vous cachez à elle, vous vous déguisez à ses yeux ; elle ne sait pas que son bien-aimé n'est plus dans les ténèbres et les ombres de la mort mais qu'il est ressuscité. Elle vient au tombeau aussitôt que la loi le lui permet et elle y vient la première, oui toujours première à aimer, à pleurer et à chercher son Seigneur.

A la première vue du tombeau entr'ouvert elle court vers les apôtres et s'écrie : Ils ont enlevé le Seignenr et nous ne savons où ils l'ont posé ! Elle leur parle ainsi pour les animer tous et les exciter à la recherche de leur commun maitre. C'est pour cela en effet que le Saint-Esprit animant son cœur et conduisant sa langue lui fait tenir un langage différent aux apôtres et aux anges. Aux apôtres elle dit : *Ils ont enlevé le Seigneur !* pour les exciter par ce terme commun à leur devoir et à leur amour communs : mais elle dit aux anges : *Il ont enlevé mon Seigneur* pour leur exprimer naïvement son amour et sa douleur ; pour les convier suavement à lui donner des nouvelles de celui qu'elle aime, qu'elle cherche, qu'elle adore, qu'elle pleure, qu'elle nomme si tendrement son Seigneur.

Au bruit de cette triste nouvelle, les apôtres s'émeuvent et deux d'entr'eux, le plus aimant et le plus aimé, viennent au sépulcre en toute hâte. Madeleine y vient aussi pour la seconde fois. Ce tombeau précieux, ce lieu saint, ce trône d'amour, ce siége où pendant trois jours l'arche de notre salut a reposé, ce tombeau, l'honneur et l'amour du ciel et de la terre, est visité par ces trois personnages pleins de l'amour de Jésus, Pierre, Jean et Madeleine. Mais celle-ci surpassa les deux autres en amour; car elle est venue sans eux et ils n'y sont pas venus sans elle; ils n'y demeurent pas avec elle, et ils s'en retournent sans elle.

Elle a eu le pouvoir de les y attirer; mais ils n'ont pas le pouvoir de l'emmener et de l'en séparer. O amour véhément de Madeleine! Elle ne peut quitter cette tombe chérie; elle demeure attachée à ce sépulcre, saisie de douleur et baignée dans ses larmes.

Elle ne peut quitter ce lieu où fut celui qu'elle aime, celui qu'elle pleure, celui qu'elle cherche de tout son cœur.

Ce bien-aimé qui a fui, c'est son Seigneur, c'est son maître et c'est le nom dont elle l'appelle : *Tulerunt Dominum meum !*

C'est avec raison, ô Madeleine, que vous demeurez attachée à ce tombeau ! Ce lieu est vraiment désirable et digne de vos larmes et de votre séjour. Ce lieu est saint : il a une dignité qui se rapporte au Ciel et semble l'égaler ; car si le ciel est le trône du Dieu vivant, ce lieu est le trône du Sauveur mort, et mort pour l'amour des hommes. Et durant ces trois jours les saints anges se sont partagés. Les uns sont demeurés au ciel pour y adorer le Dieu vivant; les autres sont restés au sépulcre pour y accompagner et y adorer le Sauveur mort et enseveli. C'est donc là votre place, ô Madeleine! ô ange de la pénitence !

CHAPITRE VII.

Paroles des Anges et de Jésus à Madeleine

Les apôtres s'étant retirés et Madeleine étant restée au tombeau, les Anges apparurent à Madeleine. Mais elle qui cherchait le Seigneur des anges, ne leur adressa point la parole. Les envoyés du Ciel parlèrent donc les premiers : Femme, dirent-ils, pourquoi pleurez-vous ? *Mulier quid ploras* ? Madeleine répondit alors : « Ils ont enlevé mon Seigneur et je ne sais où ils l'ont mis » Cette réponse est courte ; mais un amour aussi grand que celui de Madeleine ne permet pas plus de paroles. Je ne laisse pourtant pas de m'étonner et des anges et de Madeleine. Car, ô sainte âme, la beauté, la splendeur la clarté de ces anges venus du ciel pour vous seule n'est-elle point capable de toucher votre cœur, d'essuyer tant soit peu vos larmes ?

Tant d'objets terrestre nous touchent,

nous ravissent, nous transportent si aisément hors de notre devoir même, et ces objets du ciel n'arrêtent pas un peu votre esprit et ne fixent pas votre pensée ! Non, votre esprit est absorbé dans celui que votre amour nomme son Seigneur. Vous n'avez ni cœur, ni esprit, ni pensée, ni parole pour tout autre sujet. Vous ne cherchez pas ces anges, vous ne leur parlez pas ; car ce n'est pas à eux que vous pensez ; vous cherchez ailleurs ce que vous ne trouvez pas en leur présence *Quæ cùm dixisset conversa est retrorsum.* Après avoir parlé elle se tourna.

Mais vous, ô saints anges, venez-vous sur la terre pour ne dire que ces deux paroles à cette âme? C'est beaucoup l'honorer; mais ce n'est pas porter remède à sa douleur. Vous qui savez le sujet de ses larmes et la gloire de son Seigneur, que ne lui dites-vous le secret qu'elle ignore et la vie glorieuse de celui qu'elle cherche entre les morts !

Votre silence respectueux me fait connaître que cela est réservé non aux anges, mais au Seigneur des anges, qui pour récompenser l'amour de Madeleine, veut être le premier à lui annoncer sa gloire. C'est ainsi que Dieu diffère souvent de nous consoler pour nous donner des consolations plus abondantes.

Les anges donc demeurant en silence et Madeleine dans la douleur, le Seigneur, pour éprouver cette âme, apparaît sous la figure d'un jardinier et lui dit comme tantôt les esprits célestes : *Mulier quid ploras?* Femme pourquoi pleurez-vous?

Et pour donner un nouvel aiguillon à son amour il ajoute: *Quem quœris?* quel est celui que vous cherchez ? Mais un amour si grand ne peut plus supporter de délai. Après ces deux paroles il se manifeste, il découvre sa gloire, il rend à Madeleine son esprit, il lui ouvre les yeux et elle voit vivant celui qu'elle cherche mort ; et elle est ravie de joie, d'amour et de lumière en présence de Jésus.

Le Sauveur ressuscité fait aussi comme une résurrection d'amour dans le cœur de Marie-Madeleine. Voyons comment cela s'accomplit. Jésus ressuscité veut prendre la forme d'un jardinier et paraître ainsi à cette sainte amante pour se rendre présent, mais inconnu. Il lui parle, l'entretient de sa douleur et de son amour. Pourquoi pleurez-vous ? Qui cherchez-vous? Mais bientôt il l'appelle par son nom : *Marie!* La lumière jaillit aux yeux de Madeleine, une ineffable jouissance d'amour s'empare de son cœur ; elle a reconnu celui qui est la vie, qui est sa vie même.

Soyez béni, ô Jésus, d'avoir ainsi essuyé ses larmes et converti en joie sa douleur ! Soyez béni d'avoir employé ce beau nom ce seul nom de Marie pour un tel effet d'amour et de lumière.

Tout ce que vous avez dit jusque là a été sans fruit; vous prononcez seulement le doux nom de Marie et ses yeux s'ouvrent comme ceux des disciples d'Emmaüs à la fraction du pain. Ce nom de Marie avait trop d'alliance avec Jésus dans la personne de sa Sainte Mère et dans celle de Madeleine, pour ne pas joindre aussitôt deux cœurs si proches et si préparés à l'amour l'un de l'autre.

Il sert grandement à Madeleine de porter ce beau nom de Marie et le Dieu de bénédictions veut bénir ce nom saint et vénérable en l'employant au premier effet de sa résurrection, et en donnant par lui la première connaissance de sa vie glorieuse.

Quand vous naissez, Seigneur, à Bethléem, les premiers regards de vos yeux mortels sont fixés sur votre sainte Mère ; mais vous ne lui parlez point, vous ne prononcez point son nom, bien que ce nom soit en sa personne consacré à l'innocence, à la maternité divine, à une éminence de grâce qui n'aura jamais rien de pareil. Quand vous renaissez au sépulcre, vos premiers regards se fixent sur Madeleine ; le premier nom que vous prononcez à son oreille c'est le nom de Marie, nom consacré en sa personne à l'amour et à la pénitence.

Vous faites de Madeleine un apôtre de vie, de gloire et d'amour ; vous la faites l'apôtre de vos apôtres. Ceux-ci doivent annoncer votre croix et votre mort, Marie pénitente doit annoncer votre puissance et votre gloire.

CHAPITRE VIII.

Séparation de Jésus d'avec Madeleine au tombeau et à la Résurrection.

Parmi ces grandeurs, ces faveurs, ces douceurs, permettez-moi de vous dire, ô Seigneur, que je trouve une rigueur extrême. Car aussitôt que Madeleine est avec vous, vous l'éloignez de vous ; aussitôt qu'elle vous connaît, qu'elle fond à vos pieds et qu'elle se lie à vous comme à sa vie et à son amour ; vous la séparez de vous et l'obligez de manquer ou à son amour ou à son obéissance. Que ce procédé diffère de celui que vous eûtes envers elle chez le pharisien, lorsqu'elle ne faisait que d'entrer dans votre grâce et dans votre connaissance. Là vous laissez longtemps à vos pieds cette humble pénitente, vous la laissez satisfaire pleinement et sa douleur et son amour ; vous faites même un long discours au pharisien, pour donner plus de temps et de loisir aux excès de piété de votre servante : et ici, Seigneur, vous ne permettez à cette divine amante d'être à vos pieds qu'un seul moment, vous ne lui permettez qu'une seule parole : *Rabboni* : et au même instant vous la renvoyez, vous rentrez dans le secret de votre lumière inaccessible et invisible à tout homme mortel. Elle ne vous voit plus, elle ne vous trouve plus, elle ne vous possède plus, ce semble. Vous êtes la vie, ô Sauveur ! laissez-la vivre en vous; vous êtes sa vie, laissez-la vivre de vous! Donnez lui au moins autant d'heures et de moments qu'il y en a qu'elle vous pleure, qu'elle vous cherche et qu'elle vous imprime en son cœur.

Mais il en arrive bien autrement. Au même instant qu'elle vous trouve, elle rencontre en vous une pierre plus dure que celle du sépulcre que vos anges lui ont otée; vous lui êtes une pierre de séparation et vous frappez vous-même le coup de cette séparation en apparence si rigoureuse, et ce qui passe la rigueur même, vous la séparez dans l'excès d'un si grand amour. Je trouverais ce coup insupportable s'il ne venait de vous, de votre amour et s'il n'était pour un plus grand amour. Car tout ce qui vient de vous donne vie, force et amour. En privant cette âme du fruit de son amour vous lui donnez une nouvelle puissance, une force amoureuse pour supporter cette séparation qui l unit insensiblement à vous, d'une nouvelle manière. O amour pur ! céleste et divin ! Amour qui n'a pas besoin d'entretien et de sentiment ! Amour qui, comme les feux célestes, se conserve dans l'âme de Madeleine, comme dans son élément, sans mouvement et sans pâture ; au lieu que les feux terrestres sont dans un mouvement incessant et ont besoin d'aliment pour être conservés et entr tenus ici-bas comme en un lieu qui est étranger.

Voilà le procédé de Jésus envers Madeleine et de Madeleine envers Jésus sur la terre : procédé qui commence par un amour d'union chez le pharisien et finit par un amour de séparation au tombeau du Sauveur. Mais, ô Madeleine ! cette séparation n'est qu'un essai et un exercice que Jésus vous fait faire à ses pieds ; ce n'est qu'un commencement d'épreuve ; car il vous faudra être séparée de lui non pour un moment ou une heure, mais pour trente ans. Me permettez-vous, ô âme céleste, de vous le dire ? Aux pieds de Jésus glorifié vous commencez à entrer dans l'école de l'amour séparant ; comme aux pieds de Jésus humilié vous entrâtes dans l'école de l'amour unissant. Marie Madeleine entre dans cette divine école au moment où Jésus entre dans sa gloire. Elle aura désormais à vivre de la vie de Jésus qui sera au ciel par son ascension ; tandis qu'elle sera sur la terre par sa pénitence. Mais Madeleine sera sur la terre sans y être, elle sera beaucoup plus au ciel qu'ici-bas ; car sa vie, son amour et son occupation seront dans les cieux ; elle n'aura de terrestre que le corps mortel dont elle est revêtue, et ce corps ne vivra encore que dans les flammes d'un amour céleste.

CHAPITRE IX

Des deux états différents de la vie de Madeleine. Amour Saint. Rigueur favorable opérés en elle par Jésus.

A la vérité, en contemplant la vie, la faveur et l'amour de Jésus envers Madeleine et de Madeleine envers Jésus, il semble qu'un même jour et une même heure devaient les ravir à la terre et les entraîner au ciel. Mais Dieu, admirable dans ses vues sur les enfants des hommes et plus encore sur ses saints, juge et dispose bien autrement de Madeleine. Il veut que son corps soit sur la terre et son amour dans le ciel et qu'ainsi elle supporte dans un désert une rigueur extrême et un martyre d'amour. Ce martyre surpasse en sa rigueur les faveurs qu'elle a reçues au monde par la présence et la possession de Jésus, sa vie, son tout et son unique amour. Ce sont deux états bien différents, l'un de trois ans aux pieds de Jésus, l'autre de trente ans séparée de Jésus. Dans chacun de ces états Jésus est sa vie et son amour: mais, durant les trois ans, Jésus est sa vie et son amour dans les délices de sa présence; tandis que durant les trente ans il est sa vie et son amour dans les rigueurs d'une charité languissante et dans les saints soupirs causés par l'éloignement d'un objet si aimable et si tendrement aimé.

Il faut une lumière toute spéciale pour pénétrer l'amour et la faveur cachés dans la sévérité de cette rigueur. Cet amour de souffrance est l'amour qui découle de la croix de Jésus. Cet amour fait vivre et mourir ; il fait vivre d'une vie singulière et mourir d'une mort admirable. Tel est l'état de Madeleine privée de Jésus, privée de sa vie : et cette privation est une mort puisque la mort n'est qu'une privation de la vie.

Madeleine est donc sur la terre et Jésus dans le ciel ; elle quitte la Judée car son Sauveur n'y est plus. Elle ne veut plus vivre sur la terre où elle ne voit plus son bien-aimé et elle ne peut aller au ciel où il se trouve, empêchée qu'elle est par son corps. Ainsi elle est elle vit, elle meurt suspendue entre le ciel et la terre, séparée de la terre, par son amour, séparée du ciel par son impuissance. Tel sera son état pendant trente années.

Mais pourquoi, Seigneur, ce terme de trente ans ? Un si long exil à un si grand amour ? Ces trente ans de vie inconnue à la terre sont dédiés à rendre honneur et à participer en esprit aux trente ans de la vie cachée de Jésus. Cette vie, aimée du Père Eternel, adorée des anges, inconnue aux hommes sera communiquée à l'âme angélique de Madeleine. Elle aura une part intérieure et spirituelle à ces trente ans de la vie du Fils de Dieu, vivant alors plus au ciel que sur la terre, plus à la vue des anges qui l'adoraient qu'à la vue des hommes qui ne méritaient pas de le connaître ; vivant d'une sorte de vie que nous devons adorer et que nous ne pouvons exprimer ; vie intérieure, vie sublime, vie divine, vie uniquement occupée avec son Père Eternel ou avec sa très-sainte Mère. Conformant donc la vie de Madeleine à la sienne, il veut que les années de Madeleine en la grâce mesurent les années de sa vie en son humanité passible. Il veut qu'elle soit aussi longtemps sur la terre en grâce et en amour ineffables, qu'il a été lui-même ici-bas dans l'usage et l'exercice d'une vie divinement humaine et humainement divine. De même qu'en cette vie il a porté comme un exil et une privation de tout ce qui était dû à sa gloire et à sa grandeur, de meme il veut que cet état soit honoré par Marie-Madeleine séparée de lui par le plus ardent amour. Cette vie inconnue de l'illustre pénitente, cette privation de la jouissance de son époux, répond aux anéantissements amoureux d'une personne divine. A cet effet, Jésus la conduit dans un lieu séparé de tout commerce humain et la mène dans une profonde solitude.

CHAPITRE X

Dans quel esprit Madeleine entre au désert.

Madeleine entre donc au désert pour rendre hommage à la vie cachée de Jésus ; pour obéir à l'ordre de Dieu qui veut parler à son cœur. Elle y entre par le secret instinct d'un ardent amour qui l'y conduit avec encore plus de véhémence que l'instinct de la mortification. Sans diminuer l'honneur dû à une telle pénitence, qu'il me soit permis de dire que cette heureuse pénitence n'est plus qu'amour ; tant l'amour a pris possession d'elle et converti tout ce qu'elle a et tout ce qu'elle est en amour. Sa pénitence est amour, son désert est amour, sa vie est amour, sa solitude est amour, sa croix est amour. sa langueur est amour et sa mort est amour. Je ne vois qu'amour en Madeleine ; je ne vois que Jésus en son amour, je ne vois que Jésus et amour en son désert, O désert ! ô Madeleine ! ô Jésus ! ô mont plus utile à Madeleine que ne l'était à saint Pierre celui où il disait à Jésus : « Faisons ici trois tabernacles, l'un pour vous, l'un pour Moïse et l'autre pour Élie. Dans ce désert je vois aussi trois tabernacles. Le premier c'est Jésus même en sa propre personne, car il est la vie et la demeure de Marie, et elle habite en lui plus que son âme n'habite en son corps et plus que son corps n'habite en ce désert. Le second est le même Jésus dans l'état de sa vie cachée et inconnue ; car elle est retirée et cachée en cet état ; elle adhère et participe excellemment à cette vie divine. Le troisième est Jésus encore ; car Jésus seul est le séjour de cette âme et elle habite diversement en lui, selon les divers états qu'il possède et qu'il daigne lui communiquer. Donc le troisième tabernacle de Madeleine sur ce mont sacré est Jésus dans l'élévation de son esprit et de son amour. Là le Sauveur veut exercer cette âme dans les secrètes épreuves de sa direction et opérer en elle des choses dignes de lui. Heureux qui connaîtrait cette âme et saurait ses pensées ! Heureux qui aurait part à ses secrets ! Heureux qui aurait accès auprès de ces trois tabernacles et serait disposé d'entrer bien avant dans ce désert, dans cet esprit et dans ce sanctuaire.

Là, ô Madeleine, vous vivez d'une vie angélique dans un esprit humain, une vie céleste sur la terre, une vie séraphique dans un corps mortel ; là vous vivez et mourrez par amour, là vous ne vivez et ne souffrez que de l'amour et de l'amour céleste. Là Jésus est votre tout ; vous participez à ses trente ans par vos trente ans, à sa vie inconnue par votre état inconnu, à son exil par votre exil, à ses privations par vos privations, à sa croix par vos croix intérieures et à sa gloire par vos langueurs en attendant que vous ayez part à cette gloire par la jouissance. Là vous vivez (me sera-t-il permis de le penser et de le dire ?) vous vivez en terre de la vie de Jésus, comme les Saints vivent au ciel de la vie de Dieu même ; là vous portez l'impression et l'opération de son cœur dans votre cœur, de son esprit dans votre esprit, de sa vie dans sa vie. Et comme le soleil imprime sa clarté, sa splendeur et son image vive et éclatante dans le cristal poli, ainsi Jésus, vivant soleil de croix et de justice, imprime en vous sa vie, sa lumière, son esprit et vous remplit de sa grâce, de son amour et de sa gloire.

Mais ce soleil est au ciel, et vous êtes sur la terre ; votre amour ne peut souffrir cette séparation et cela fait une nouvelle sorte de vie, d'amour, de croix en votre vie. Car il vous faut vivre et vivre plusieurs années dans cette séparation Il vous faut vivre en mourant, en souffant, en languissant, puisque Jésus est au ciel et vous dans ce désert. O séjour, ô états bien différents ! Il est au Ciel et vous sur la terre; il est en jouissance et vous en souffrance; il est en possession et vous en privation; il est à la droite du Père et vous à la droite de la croix; il est dans un état conforme à la grandeur de sa personne et vous dans un état conforme à la grandeur de votre amour. Jésus est l'amour et les délices du ciel et de la terre, il est votre amour, ô Madeleine! et il vous sépare de lui, et il vous fait sentir l'amertume de cette séparation et vous la faitsentir à proportion de l'excès d'amour que vous avez pour lui. Vous vivez ainsi par son amour ; car son amour est vie, et vous mourez par son amour, car cet amour vous sépare de lui, qui est votre amour et votre vie. O vie ! ô croix ! ô langueurs ! ô amour !

CHAPITRE XI

Amour crucifiant de Madeleine au désert

Je découvre encore, ô Madeleine, une autre sorte d'amour qui vous tourmente en ce désert, amour qui procède de Jésus. Au ciel et sur la terre, Jésus est une vive source de grâce et d'amour, mais d'un amour différent. Il est au ciel la source d'un amour de jouissance et sur la terre la source d'un amour de souffrance. Mais, dans cet amour de souffrance, il y a encore plusieurs sortes d'amour. Il y a un amour séparant, et une partie de votre vie en ce desert s'est passée dans l'exercice de cet amour. Il y a un amour crucifiant ; car Jésus en l'honneur de sa vie, de sa mort, de ses langueurs sur la croix est la source d'une nouvelle sorte d'amour qui met l'âme dans les tourments

De même qu'au ciel Jésus imprime sa gloire, de même sur la terre il imprime sa croix ; et l'esprit porte une croix intérieure et spirituelle en l'honneur et imitation de Jésus crucifié. Cette sorte d'amour est réservée aux âmes les plus excellentes. Madeleine y a une part éminente.

C'est là votre vie, ô Madeleine, dans ce désert ! c'est votre amour, et cette sorte d'amour est un des principaux exercices de votre âme. Jésus est votre amour ; or Jésus est crucifié, votre amour est donc crucifié et vous êtes crucifiée aussi. Le Sauveur vous imprime ses plaies. Au ciel ces plaies divines donnent la vie et la joie à Jésus ; sur la terre elles donnent la douleur à Madeleine. Jésus vous les applique, non comme glorieuses mais comme douloureuses, et il s'imprime lui-même sur vous, ô âme sainte et souffrante, pour vous procurer une souffrance plus grande ; il s'imprime sur vous comme souffrant lui-même, plein de douleur et tel que son prophète nous le dépeint quand il l'appelle *l'homme de douleurs*.

Il vous fait porter une partie de la croix intérieure, spirituelle et divine que son âme a portée sur la croix pour votre salut et pour la gloire de son Père. Souvenez-vous que vous étiez au pied de cette croix, ô Madeleine ! Là tout était croix en Jésus ; son corps, son âme, sa qualité, tout est en croix et tout porte marque de croix. Là il était proclamé roi et couronné en cette qualité ; mais couronné d'épines ; son titre et sa personne sont attachés à la croix et ses lois, ses ordonnances royales sont des ordonnances de croix. Une de ces ordonnances fut faite à votre âme, ordonnance de croix, rare, haute et singulière que les juifs ne peuvent exécuter, que les anges révèrent et admirent, et qu'il veut exécuter lui-même, quand le temps sera venu, tant elle est sainte et divine. Il le fait maintenant lui-même, et dans ce désert, vous mettez à exécution cette sainte ordonnance. Jésus opère en vous, avec proportion, sans doute, ce que le Père opérait en lui sur la croix et vous communique une partie des sentiments douloureux et des impressions saintes, qui ont été gravés en ce temps-là dans son esprit par l'Esprit de son Père

Alors ce Père Éternel fit des miracles extérieurs dans la nature corporelle, au firmament, sur la terre, dans le soleil, dans la lune, dans le voile du temple et dans les pierres. Ce furent des miracles de douleur; mais ils s'opérèrent dans la nature inanimée, pour honorer les douleurs corporelles et les souffrances extérieures du Fils de Dieu. Il y eut aussi des miracles intérieurs, visibles aux anges et invisibles aux hommes, pour honorer les douleurs intérieures et les souffrances secrètes et divines de l'âme de Jésus. C'était l'état et l'exercice de l'âme de la Vierge et de la vôtre aussi au pied de la croix ; ô Madeleine ! vous vîtes souffrir et mourir votre amour et votre vie ; mais vous ne fîtes alors que goûter le calice dont le breuvage entier vous était réservé pour un autre temps.

C'est ce qui se passe maintenant dans votre esprit, au fond du désert; c'est un des principaux états et exercices que Jésus donne à votre âme dans cette sainte solitude, afin que vous ayez dans l'éternité autant de part à Jésus glorifié que vous aurez eu de part sur la terre à Jésus crucifié. O âme heureuse de vivre, de souffrir, de mourir ainsi dans ce désert. O désert heureux de posséder si longtemps une telle âme.

Ce désert est pour Madeleine une

école d'amour et de plusieurs sortes d'amours. J'y vois un amour séparant, car Jésus est au ciel et Madeleine sur la terre; j'y vois un amour crucifiant, car Jésus s'unit à elle comme crucifié et plus encore comme crucifiant. C'est le propre de l'esprit et de l'amour de Jésus de crucifier ainsi ses plus chères âmes.

Madeleine le reçoit en cette double qualité, c'est-à-dire et comme crucifié et comme crucifiant: elle l'embrasse de toutes les puissances de son âme, comme si elle était plus aimante que cette âme dont il est parlé dans le cantique, lorsque, pour un moindre sujet, elle tarde à recevoir son bien-aimé.

CHAPITRE XII

Amour de Madeleine pour Jésus glorifié. Vie admirable qu'elle mène.

Je vois encore dans ce désert une troisième sorte d'amour, un amour incomparable, un amour qui excède et couronne les deux amours précédents; un amour qui finit son désert et sa vie. C'est un amour ravissant causé par la vue de Jésus, non plus crucifié, mais glorifié; amour qui la consomme, qui la ravit et la tire du désert au ciel et de la croix à la gloire. O âme! ô désert! ô vie! ô croix! ô amour! ô gloire!

Quelle sera cette gloire qui répond à un tel amour? Quel sera cet amour qui porte une telle croix et répond à une telle vie? Et quelle vie que celle qui est si exercée, si pleine d'amour, si saintement, si divinement employée! Je révère tous les moments de cette vie, j'en admire tous les états, tous les progrès et je me perds en la pensée de ce degré suprême auquel elle est élevée. O Madeleine, si une heure de votre temps, aux pieds du Fils de Dieu, chez le Pharisien, a produit et formé dans votre cœur un amour si grand que Jésus lui-même, l'amour du ciel et de la terre, le publie et l'admire ; que devons-nous penser, que devons-nous dire de tant d'heures employées sur la terre avec le Fils de Dieu, délices de l'amour et du Ciel ? Si deux ou trois ans à l'école de Jésus vous ont élevée si haut en amour, vous ont ornée de grâces, de faveurs et de privilèges ; quel degré, quel amour aurez-vous acquis pendant trente ans d'une vie d'amour et de souffrance amoureuse dont chaque moment est admirable et inimitable ? O vie toujours ou agissante ou souffrante ! O vie toujours rare et sublime ! O vie toujours passée ou en langueur ou en possession de Jésus ! Vie qui étonne, qui ravit les anges de voir un tel objet en terre et de voir dans un désert un séraphin toujours intelligent, toujours et sans cesse dans la langueur de l'amour de Jésus.

Mais c'est aux anges eux-mêmes et non aux hommes à parler de cette vie.

C'est à cet ange bienheureux qui gardait ce désert converti en un paradis plus céleste que terrestre ; c'est à votre ange, ô Madeleine et non à nous d'en parler. Nous devons nous contenter de jeter un voile pour cacher aux mortels cette vie d'amour et de langueur et d'avouer ainsi notre insuffisance commune. Car nous ne pouvons pas en parler et eux n'en peuvent rien entendre.

CHAPITRE XIII.

Excès de la gloire de Madeleine répondant à l'excès de son amour, Retour sur sa vie.

Si le silence, ô Madeleine, est le meilleur langage que nous ayons pour exprimer les excellences et les raretés de votre vie dans le désert, combien plus devons-nous employer le même silence pour honorer votre vie admirable dans le ciel?

Nos pensées et nos paroles sont trop basses pour concevoir une chose si haute, si éminente, si divine et si rare même et secrète dans l'amour divin, et si rare même entre les raretés du ciel.

Ce serait profaner de si grandes choses que d'en parler et il faut en réserver la connaissance à la lumière du Ciel. Cet objet, si Dieu veut, fera un des ravissements de notre éternité ; pour le présent c'est un abîme que nous ne devons pas sonder. Laissons donc nos pensées, mais entrons, ô Madeleine dans les vôtres.

Quand, du plus haut des Cieux où le Dieu du ciel vous à mise par sa grâce puissante, vous contemplez l'état auquel la vanité vous aurait mise et que dans la lumière de Dieu vous voyez ce que vous étiez par vous même, ce que vous êtes par Jésus et ce que vous eussiez été sans Jésus ; quel amour avez-vous pour ce Jésus ! quel abaissment avez-vous en vous-même ! Quel flux et reflux de lui à vous, de vous à lui ! Quelle louange, quelle bénédiction, quel ravissement d'esprit et d'amour en lui ? L'esprit de l'homme ne suffit pas à y penser, ni la langue des anges à l'exprimer. Il vaut mieux le révérer par un humble silence et finissant ce discours entrer en vos devoirs vers vous, ô âme sainte et rare et des plus rares et saintes que l'esprit de la grâce et de la gloire ait formées pour jamais !

Je recours donc à vous et vous révère, sinon comme je dois, au moins comme je puis ; et me conduisant par ordre, et m'élevant comme par degrés dans les états de votre vie et de votre grâce, je vous révère en premier lieu chez le Pharisien. Car c'est le premier lieu ou il est parle de vous dans le livre de la vie ; c'est la première station où je vous trouve avec Jésus qui est l'auteur de la vie, c'est le premier jour de votre vie dans la grâce. jour remarquable en vos éphémérides et décisif de votre éternité.

Là donc je vous révère comme pénitente et comme admirable entre les pénitentes. Là je vous révère aux pieds sacrés de Jésus comme recevant les premières grâces dont vous aurez fait depuis un si grand usage. Là je vous révère comme ravissant Jésus à Jésus même. Car si vous le laissez avec le Pharisien vons l'emportez avec vous dans votre cœur et il est en votre esprit plus saintement, plus efficacement, plus admirablement qu'il n'était chez le Pharisien où il n'y à rien de semblable à ce qu'il opère en vous et rien même qui nous soit rapporté dans l'Ecriture. Aussi est-ce vous et non le Pharisien, qui l'avez tiré dans la maison où il se trouve ; c'est pour vous y attendre que Jésus s'y rend et pour commencer en un banquet les alliances de votre esprit avec son esprit et opérer publiquement et solennellement le chef d'œuvre de grâce et d'amour qu'il voulait accomplir en vous.

O bonté ! ô amour ! ô lieu cher et moment précieux dans votre éternité ! Vous le regardez incessamment et je ne puis l'oublier en votre honneur et amour.

Je vous révère donc encore dans la réception de cette grâce première, et vous révère comme conservant soigneusement cette grâce reçue en ce lieu, et le cultivant jusqu'à la mort et l'élévant incessamment jusqu'au dernier point qu'elle pouvait produire selon le conseil de Dieu.

CHAPITRE XIV.

Retour sur la vie de Madeleine.

(Suite.)

Je m'élève ensuite, ô Madeleine, dans les principaux exercices de votre vie et vous révère comme suivant le Fils de Dieu pas à pas, comme le servant de vos biens et nourrissant la vie de celui qui est la vie et l'auteur de la vie. Je vous révère comme attentive à sa parole, comme recevant son esprit, comme adorant sa divinité, comme aimant son humanité, comme admirant sa sainteté, comme posant saintement, fréquemment et fixement vos regards sur ce divin objet ; comme l'attirant à vous, comme vous livrant à lui et comme recevant sa grâce et son amour. Je l'adore lui-même comme s'imprimant en vous et vous communiquant ses qualités hautes, rares et divines.

Je révère vos demeures et vos séjours mentionnés dans l'Ecriture, séjours de grâce et d'amour sans pareil. La salle du Pharisien, le château de Marhte, le bourg de Béthanie, la ville de Jérusalem la province de Judée et la Galilée, le désert où vous avez passé trente ans, bref la croix, le calvaire, le sépulcre, les olives, voilà des lieux marqués des pas du Sauveur ou signalés de votre amour. Mais je révère surtout les pieds sacrés du Fils de Dieu qui sont la meilleure, la plus haute et la plus assidue école de votre âme. Je vous révère à ses pieds chez le Pharisien, chez Marthe votre sœur, chez Simon le lépreux, aux champs et aux villes, et nommément dans la plaine de Béthanie, suivant Jésus pas à pas dans son voyage vers le sépulcre de Lazare. O heureuse campagne où vous rencontrez Jésus et le navrez d'un nouvel amour vers vous comme il vous navre aussi d'un nouvel attrait et d'un nouvel amour envers lui. Il pleure en vous voyant pleurer; il pleure en vous voyant pleurer sur votre frère et vos larmes savent bien tirer des larmes encore plus précieuses que les vôtres de son cœur pitoyable et sensible à votre douleur et à votre amour. Mais il ne suffit pas à son amour de donner des larmes à vos larmes, il veut y donner des miracles et le plus grand des miracles, la vie de celui qui était mort depuis quatre jours. Là Jésus fit un double miracle de vie, l'un intérieur et l'autre extérieur, l'un sur vous et l'autre sur Lazare ; car, tandis qu'il donnait vie à ce corps mort, il donnait encore plus une nouvelle vie à votre âme ; vie plus haute, plus divine, plus miraculeuse puisque l'une était un miracle de la nature et l'autre un miracle de la grâce.

Je vous révère encore au dernier banquet donné à Jésus et dans le dernier devoir que vous lui avez rendu peu de jours avant qu'il allat à la croix. Là vous ne versez pas sur lui vos larmes, comme au premier festin ; mais vous faites une effusion abondante de vous-même, de votre amour, de vos odeurs et liqueurs précieuses jusqu'à rompre le vase afin qu'il n'en restât aucune goutte qui ne fut épuisée et versée sur lui, tenant le monde entier pour peu de chose, si vous l'eussiez eu pour l'employer à son service. Sans doute aussi vous eussiez voulu que tout le monde eut alors été changé en odeurs dans vos mains, pour les répandre toutes sur lui et honorer ainsi le Créateur par sa créature. Mais votre cœur valait plus qu'un monde, et votre esprit est un monde de grâces et de merveille; et cet esprit fait une entière effusion de soi-même aux pieds de Jésus, et lui est offert en odeur très suave et très odoriférante. Et comme Jean-Baptiste était voix ; car il se nomme ainsi lui-même, Madeleine est odeur et odeur de Jésus ; nous la pouvons ainsi nommer puisque toutes ses actions ne respirent et ne répandent que l'odeur de Jésus et que cette salle, où plutôt l'Église sainte et primitive où repose Jésus et le sacré collége des apôtres, est tout embaumée des odeurs de Madeleine répandues sur Jésus, dont l'odeur se ressent encore et se ressentira partout où Jésus sera connu et son Évangile publié ; c'est le bonheur de Béthanie.

Mais de Béthanie il nous faut passer au calvaire, et des délices de ce banquet aux rigueurs de la croix. Là je vous trouve encore, ô Madeleine, et je vous révère aux pieds de la croix, où vous mourrez de mille morts voyant mourir celui qui est la vie et votre vie. Je vous suis et vous révère en son sépulcre, toujours aimant, toujours pleurant et toujours cherchant celui qui est votre tout. Je vous révère comme le trouvant et l'adorant et, par son ordonnance, portant les premières nouvelles de la vie à la terre, c'est-à-dire les premières nouvelles de sa vie et de sa gloire, car sa gloire et sa vie est la nôtre. Heureux séjour de votre âme ! heureux moments et mouvements de votre vie ! Tous ces pas que vous faites pour Jésus et après Jésus, soit vivant, soit mort, soit glorieux sont autant de pas, de mouvements et d'effets de vie. Toutes ces demeures sacrées que vous habitez depuis la première connaissance que vous avez eue de Jésus, sont autant de séjours de grâce et de nouvelles sources d'une vie nouvelle en celui qui est la vie même.

Mais que dirai-je du dernier séjour que Dieu vous a choisi ? je veux dire votre désert. Là je vous révère comme un ange sur la terre, comme un séraphin entre les anges et comme une âme plus que séraphique entre les séraphins. Là je vous révère comme vivant d'une vie continuelle de miracles dans l'ordre de la grâce. Là je vous regarde comme un phénix vivant et mourant dans ses propres flammes ; mourant, non seulement dans l'amour, mais par l'amour même de Jésus.

Dans cet heureux état je vous regarde et vous révère comme passant de la terre au ciel, de ce désert au paradis, et dans ce paradis je vous vois, je vous révère, je vous admire comme établie pour jamais en l'éminence et en la principauté nouvelle de l'amour divin. Dès lors Jésus vous regarde et vous choisit entre tous devant la face du Père Éternel et à la vue de ses anges pour établir en vous la puissance et la perfection de son amour.

CHAPITRE XV

Prière à Sainte Madeleine et fin du discours.

Que par vous, ô Madeleine nous ayons accès auprès de Jésus et entrée dans son amour ! qu'à votre imitation nous effacions nos fautes, nous lavions nos taches par nos larmes ! Que je reçoive comme vous une indulgence plénière de sa bouche et que je puisse ouïr ce que vous avez ouï. « *Vos péchés sont pardonnés !* » Qu'il me navre de son amour, comme il vous a navrée, et qu'il me dise un jour cette douce parole : « *Vous avez beaucoup aimé !* » Que je sois ami de la retraite, fuyant les soins et divertissement humains et choisissant comme vous la meilleure part. Que je me sépare de toutes choses et de moi plus que de tout, pour être tout à lui, imitant vos retraites, vos abstractions et vos élévations divines. Que je sois facile à écouter la voix de Jésus et ses inspirations. Que dans ses voies, l'esprit d'erreur et d'illusion n'approche point de moi, comme les malins esprits n'ont osé approcher de vous, depuis que vous avez approché de Jésus, contraints à cet éloignement par hommage à la présence, à la puissance à la sainteté de l'esprit de Jésus qui résidait en vous. Que j'aie part à cette pureté de cœur et d'esprit, pureté incomparable que vous avez reçue du Fils de Dieu étant à ses pieds; pureté non humaine, non angélique, mais divine et émanée aussi de l'Homme-Dieu, de son humanité vivante et existante dans la pureté, dans la sainteté, dans la divinité de l'être incréé. Que nous soyons fidèles et constants en son amour, inséparables de lui, comme rien ne vous a pu divertir tant soit peu de lui, ni sa croix ni sa mort ni la fureur des Juifs ni celle des démons; car s'ils ont pu séparer l'âme de Jésus de son corps précieux, ils n'ont pu séparer l'âme de Madeleine du corps, de l'âme et de l'esprit de Jésus; et elle est toujours adhérente à lui, soit vivant et souffrant en la croix, soit mort et enseveli au tombeau. Le ciel seul est celui qui vous ravit Jésus et la puissance du Père éternel, qui tire son fils à soi et à sa gloire ; mais en vous le ravissant il vous le donne en une manière secrète et il vous le rend pour jamais en la plénitude et clarté de la gloire..

O humble pénitente ! ô âme solitaire ! ô divine amante et aimée de Jésus, faites par vos prières et par votre puissance en son amour, que je sois blessé de cet amour ; que mon cœur ne repose qu'en son cœur ; que mon esprit ne vive qu'en son esprit, et que nous soyons tout à lui, libres et captifs tout ensemble ; libres en sa grâce et captifs dans le triomphe de son amour et de sa gloire. Que nous l'aimions, le servions, le suivions, l'adorions de toute notre puissance et qu'en fin nous soyons avec vous et avec lui pour jamais.

FIN.

www.ingramcontent.com/pod-product-compliance
Ingram Content Group UK Ltd.
Pitfield, Milton Keynes, MK11 3LW, UK
UKHW020353180726
13839UKWH00003B/1075

9 782329 579344